CÁNTICO A LAS PASIONES

ExLibric

H. J. MANZANILLA RAMOS

CÁNTICO A LAS PASIONES

EXLIBRIC

ANTEQUERA 2025

CÁNTICO A LAS PASIONES
© H. J. Manzanilla Ramos
Diseño de portada: Dpto. de Diseño Gráfico Exlibric

Iª edición

© ExLibric, 2025.

Editado por: ExLibric
c/ Cueva de Viera, 2, Local 3
Centro Negocios CADI
29200 Antequera (Málaga)
Teléfono: 952 70 60 04
Fax: 952 84 55 03
Correo electrónico: exlibric@exlibric.com
Internet: www.exlibric.com

ISBN: 979-13-88079-06-1
Depósito Legal: MA 1801-2025

Impresión: PODiPrint
Impreso en Andalucía – España

Nota de la editorial: ExLibric pertenece a Innovación y Cualificación S. L.

H. J. MANZANILLA RAMOS

CÁNTICO A LAS PASIONES

TUS OJOS BRILLAN

Tus ojos brillan
como las fuentes inagotables de las estrellas,
siempre presente al amanecer de un enamorado.
Tuve la dicha de conocerte.
Entonces, ¿por qué no quererte?
No sé por qué lo sé,
mi razón no explica por qué lo hago.
Lo único que sé es el sentimiento encontrado.
Bendigo con el corazón y maldigo con la razón
a quien en tu cariño no quiera refugiarse,
sentir tu cuerpo, tus emociones,
estando lejos y estando cerca.
Te pienso en silencio, porque gritarlo es ausencia,
Pero la imposibilidad en el no existe,
existir es exigencia.
Es tu magia la sustancia de mis memorias.
Tu nombre silente en mi sangre se esboza.

MI VIDA

Mi vida se ilumina cada mañana.
Con los dioses a mi espalda, mi amor se hace puro.
Te conocí, y de eso estoy seguro.
La diferencia del amanecer se siente,
porque podré verte.
Mis ambiciones son por ver en ti una cosa:
tu cuerpo caminando hacia mí,
con la cabellera negra que posa y juega
con el color de tus ojos y tu boca.
A ti cuidaré solamente.
Mi persona cegada camina vehemente,
con el orgullo guardado y el gozo sacado,
acorazado por tu ser, con el cual he conectado.
Tú podrías verme llorar o reír.
A tu lado estoy seguro
y en cada instante auguro la vida eterna.
Es seguro.

Siempre me he preguntado

¿Querer es un pretexto
para dejar la responsabilidad de la vida?
¿Un capricho para correr del horror,
de lo feo, de lo fuerte?
Ese día tuve sed, tu afecto fue el agua.
Me cegué,
pero tus palabras fueron el fotón en la umbra.
Ahí, dos seres trascienden más allá de lo eterno,
sin pensar, sin lamentos,
solos ahí,
transformando,
viajando en los sentimientos.

Tu nombre

Tú nombre,
como el de una libélula,
flota en los sueños desterrados.
Es amor, en esencia anhelado;
las ideas, un concepto esperado.
Nombre juicioso,
testigo de héroes pecaminoso,
como las guerras de hidalgo,
sufrimiento expresado,
tomando en el tiempo
un pedazo de mí en tus brazos.
Es tu nombre un esbozo
del artista ilustre barroco.

MI ALEGRÍA

Mi alegría se convirtió en simpatía
cuando te conocí en la bahía.
Recuerdo que fuiste mía.
ahí, en mi historia escondida.
Las palabras entrelazadas conjugaban lo que fuimos:
yo quería, te quería.
Tu alegría acaba agonías,
alegría eres, ninfa de energía,
alegría son sus ojos dadivosos,
cumpliendo la misión de abolir
la desesperación y la melancolía,
resistiendo al cambio eterno de la humanidad.
La alegría es realidad habitual,
como un disparo de prosperidad.

Solo en mi soledad

Solo en mi soledad me confieso:
sigo aquí desde el comienzo.
Nuestro momento no ha sido escrito,
pero te aseguro que los sabios lo han predicho:
en el tiempo relativo solos estamos;
es destino, en distancias coincididos.
Falta mucho, he aprendido.
Nuestro encuentro está escondido.
Cuando llegues deja verte en la aurora,
es el tiempo de conocerte;
es ahí, yo lo sé,
ni es un día ni es un mes
ni es un año ni es después;
es ahí, yo lo siento,
porque solo lo presiento.
¿Fue un sueño o una visión?
No te apures,
falta mucho para nuestra reunión,
faltan lunas y desagravios,
falta mucho,
y esperar es de sabios.

VERDE

Verdes tus ojos,
que me rejuvenecen.
Verdes como el pasto de sabanas tropicales.
Me rejuvenecen como el viento a los matorrales.
Verdes que dan ilusión,
tocar tus labios es sensación.
Quiero mirarte a ti siempre,
cuando escribo estos versos.
Verde la vida que afloras.
Rejuvenecen los atajos de bellezas.
Es tu cuerpo que se añora.

Sueño en el momento

Sueño en el momento de tu rostro,
piel dorada, piel canela, firme y suave,
con vista que decora el regazo de tu semblante,
una lágrima de ti es suficiente para vivir.
En la metrópolis,
entre tanta gente te vi,
entre todos te sentí.
Como un proverbio ya escrito,
en mis sueños te percibo,
despierto yo te vivo.

No te vayas.
No te vayas, estoy rehaciendo mi vida.
Estoy aquí, mendigo, desgastado en lo vivido,
No te vayas.
Se me agota el aliento,
ya en mis sábanas no te siento.
Repienso los recuerdos,
nueva vida yo comienzo.
Sin ti quizás nunca la consiga.
No hay respiro en mi espalda,
pues de noche tú me faltas,
y aunque el calor es de treinta y siete grados,
paso frío desolado.
No te vayas,
no formes parte del pasado.

Ven, por favor, mi refugio es tu abrazo.
No te vayas por errores cometidos.
El amor es primordial en lo humano.

TÚ, MARÍA

María, nombre divino y sagrado
de virgen, de mujer,
con el más blando corazón,
purificada por el amor.
Tú, María,
que diosa madre eres,
con el más hermoso fruto.
Oh, tu vientre, tu corazón.
Oh, clemente, tú, piadosa.
Tú, María,
cómo no amar tu grandeza femenina…
De tu esfinge brillosa sale el alba
que ilumina y bendice mis torturas.
Tú, María,
con tu nombre en las estrellas siempre brillas.
Me das vida y alegría no me desampares,
yo te quise y te quiero todo el día.
Tú, María,
que me oyes a lo lejos,
es a ti, mujer, te venero.

SILUETA

Silueta omnipresente y bella,
figura fuerte como centella,
sobre tus hombros están millones de vida.
¿Cuándo has de venir?
Das compasión, pero también enseñas.
Si una pena me embarga, tocas mi alma.
Perdiendo las fuerzas,
en mi soledad usted me las devuelve.
Y cuando creo ver el fin,
me has mostrado el camino,
diciendo en mí, ven constantemente a mí.
Creeré en tu amor, aun sin verte,
porque la fe es conocerte.
Me aferraré a ti con esperanza.
Desespero…
Ojalá pueda usted sostener mi peso.
Yo, que a tu semejanza soy,
he visto el miedo, alerta a tus señas.
Mi libertad está en usted,
mis decisiones las guías usted.
Si la tristeza llega es porque no estás presente.
Espero nunca sentirte ausente.
Y cuando toque, llévame tranquilo,
elévame contigo, sé compasivo.
Mientras vivo, dale a mi vida sentido,
querido Dios.

BIENAVENTURADO

Bienaventurado quien cuida en el mundo.
Nueve meses han de pasar,
bienaventurado, a este mundo has de llegar.
Bienaventurado este gigante,
pues es el más grande, es valiente, es hermoso.
En el vientre me tuvo con peso y dolor;
no me ha de rechazar, solo me ha de aguantar.
Aleja a todo mal, valiente,
pues de Neit proviene.
Forjará la vida, creadora de deidad,
hermosa cual mariposa,
rostro adornado con rosas,
para poder palpar.
No le importa si lloro,
a mi lado siempre está para consolar.
Con su fruto me ha de amamantar.
Con frío en su pecho y brazos me cobijo,
es mi abrigo.
Si tengo calor, aire me brinda.
Si estoy enfermo, conmigo ha de trasnochar.
Es incansable y, aunque de huesos,
su cuerpo parece de acero.
Es un amor sincero
que no traiciona a su dueño.
Una sola cosa me he de preguntar:
¿cómo se vive cuando ha de faltar?

Es el amor que predica,
en ese amor se puede confiar.
Con su caricia ha de tocar tus mejillas,
es el amor que no traiciona.
Es deidad: está presente mamá.

Soneto a la muerte

A veces te siento, como un soplido de aliento.
Caminas entre nosotros, casi imperceptible.
Te manifiestas en cada rincón.
Inexorable y constante, sigues tu curso interminable.

Algunos te buscan en la desesperación,
otros te temen con un pánico mudo,
pero de igual manera has de liberarnos.
Liberas de penas, de dolor, de sufrimiento.
Libéranos de este mundo sin razón.

Tu pureza, aunque algunos la ven sombría,
es una luz en el crepúsculo de nuestra existencia.
No es la oscuridad la que te define, sino la paz,
paz ofrecida al cuerpo en pecado, al alma errante.

Eres la constante que desafiamos.
Eres la certeza en un mundo incierto.
Para algunos eres un descanso bienvenido;
para otros, una injusticia inexplicable.

Algunos te han vislumbrado,
y otros han regresado.
Eres resplandor tenue en el túnel,
abismo frío que engulle,
pero eres un destino tan natural

como el mismo nacimiento.
Sin tiempo, ni espacio,
caminas por todos lados, estás en todas partes.

Sigues siendo la misma, perpetua y serena,
en cada vida que comienza,
en cada existencia contenida en 21 gramos.
Caminas en silencio, en todas partes.
Eres la verdad que no se acepta,
la eternidad que nos aguarda.
Sigues siendo la misma.
Sigues detrás de todos.
Sigues siendo la muerte.

ANTES ESTUVE

Antes estuve internamente,
oyó usted.

EL TIEMPO

El tiempo va jugando a su gusto,
en su capricho se vuelve injusto.
Me alejo, no me permitió tenerte
y ese momento fui soledad.
La vida te mostro así,
hermosa con aroma de vitalidad.
En su sonrisa vi prosperidad,
que le canta el hombre a la inmensidad.
Tiempo es corto cuando yo te ame.
Eres de esas cosas insaciables.
Tus palabras en verso son poesía.
Refugiarme en tus senos es osadía.

QUIERO CAER

Quiero caer libre, sin obstáculos,
como cae el rocío a la tierra.
Caer en tu pecho,
como el cometa cae a los cielos.
Caer, sintiendo el vacío,
dejo la estela caer en tu brío.
Quiero caer en ti,
como tu cuerpo cae en mis pensamientos,
sintiendo el frío como el hombre sombrío.
Quiero caer en ti, de a poco,
como planeando.
Caer como el verano a la lluvia,
como cae el calor en el frío.
Quiero caer en la muerte,
si de ti me olvido.
Caer a la vida si contigo vivo,
porque, de vidas,
la mía la quiero contigo.
Contigo caigo en las prosas,
que, de tantas, para mí fueron tus besos,
Déjame caer en tus manos,
como cae tu negro cabello.
Caer en tu boca,
cuando el rayo forma el destello.
Caer en tu espalda,
como el agua al arroyo.

Quiero caer así, sin complejos.
Quisiera caer a tu cuerpo
en cada momento.

APRENDIZAJE

Aprender es el costo de tener vida,
aprender sabiduría del tiempo.
Por ello he aprendido a aprender en su momento.
He aprendido el valor de la vida,
porque la muerte es el impuesto pagado.
Aprender, camino de vereda.
He aprendido que el esfuerzo es fracaso,
que el fracaso es la fuerza para continuar.

He aprendido que el amor es sentido,
el amor es también construido.
Aprendí lo difícil de aprender
y aprendí que el saber es aprendido.
Aprendí de la vida, pero también de la muerte:
la primera hay que saber llevarla,
la segunda llega inevitablemente,
Aprendí de victorias y derrotas,
pero aprendí más de las derrotas.
He aprendido de la injusticia
que hay que seguir aprendiendo,
He aprendido de lo bueno y lo malo,
pero en lo malo aprendí la fe.
Aprendí que la mejor vida no está en los sueños.
Aprendí que hay saberes que en la vida no valen nada.
Aprendí que cada uno aprende en su rumbo.

CÁNTICO A LAS PASIONES

Un cántico a las pasiones es despertar en tu cuerpo,
cuando el cielo aclara y la noche calla.

Es sentir la gravedad cayendo, conjugarnos en el destierro,
como los pasos de un extranjero.

Un cántico es el gemido de tu cuerpo,
es tu voz irradiada en el tiempo.

Ya te he sentido, un cántico de pasión he vivido;
juntos, nosotros nos vimos perdidos.

¡Oh, mujer, de río y arena blanca!,
te escurres de mis manos
hasta la vasta extensión de mi alma.

Eres la pasión que incendia mi lecho,
el vino oscuro y la miel ardiente del deseo
que no se vence.

En tu abrazo encuentro la patria que no se ha creado;
tu mirada, es abismo, belleza de mi tierra.

En tu canto ya mi aliento ha caído,
como el deseo al quejido,
como el viaje soñado, encuentro no planeado.

Finalizo la canción con mi emoción exaltada,
mi pasión por tu cuerpo va guardada,

pues mi alma en los versos está agotada.
He ahí este cántico en mi alma represada.

Mirada migrante

Vuelvo los ojos atrás,
para sintetizar el verso de este viaje,
hacia el camino pretérito de donde venía,
emulando a Sia.
Atrás deje la tierra mía;
vuelvo los ojos para ver la línea en la gleba y el mar,
uno a uno se refleja.
Al voltear, veo solo emociones, recuerdos,
buscando el triunfo a paso de temblores.
Valencia, la cuna nacida.
Mi suelo detrás voy yo dejando;
como un ave que emigra, mi cuerpo va volando;
a un burgo distante se llega,
primavera que alienta.
En mi andar pienso en la vuelta,
si el tiempo lo alienta.
Madre tierra, tú que esperas con la esencia de las quejas,
perdona si a tu cobijo no vuelvo.
Yo camino, tras la meta de quimeras.
Vuelvo atrás y los sueños están vivos.
Inmigrante, sigue recto por la senda.

IMAGINA

Imagina la vida en tus ojos.
Imagina la vida en tu sonrisa.
Imagina.
Sí, tú, imagina…
Imagina en la razón pura
lo precioso que será cuando todo haya sido,
tan bonito que el mundo no podrá entenderlo.
Imagina a nosotros regresando.
Imagínanos en el camino marchando.
Imagínalo tanto, hasta que todo lo cuentes.
Ya no imagines, llegó lo ansiado.

Empirismo

Has experimentado el rigor intenso del beso.
Eres regocijo tácito, oneroso,
mas anhelo nunca *zangarraniarte*
ante el necesario idilio latente y loco de abrazarte.

Entre sombras nos perdemos,
un vaivén de suspiros desbordados;
somos reflejos del deseo sin pasado,
nuestros dedos van danzando entrelazados.

Tu presencia persistente,
resonancia en cada poro de mi mente,
un murmullo que acaricia la conciencia;
no hay distancias,
nuestras almas se encuentran.

Dualidad hecha carne,
fuego y agua en danza eterna,
y aunque el miedo pretenda desarmarnos,
el amor, testarudo, a nuestros cuerpos se aferra.

CÁNTARO DE ENSUEÑOS

Entidad que recorre la senda del tiempo
con el alma agotada de esperanzas,
de gotas infinitas acariciándote el ánimo
para alcanzar tus anhelos.
Cuerpo envuelto en un cántaro de sueños
lleno de suspiros y deseo,
para abrazarte con la eternidad de momentos
en un caudal de recuerdos que te nutren.
El creador esculpió tu esencia
al dotarte de luz, ternura y misterio,
quien en tu mirada puso constelaciones,
y en tu risa, las notas de una melodía remota.
Llenó de vida tu cántaro,
de ímpetu tu ser,
y de amor los latidos que celebran tu existir
en la danza eterna del universo.

SUEÑOS DE LA NIÑEZ

En la esquina de las murallas de mi vieja casa,
donde solía habitar la alegría,
los ecos lanzan su hechizo,
los cuadros en la pared,
una nostalgia congelada en el tiempo,
cada paso que doy es un lento ascenso.

El árbol en el patio, firme aún,
tallamos nuestras vivencias en cada hoja,
me cubre su sombra
como frazada de infancia,
se caen nuestras hojas secas.

Pensamiento remoto, llegan rastros pasados.
Adiós a noches de sueños compartidos,
a juegos en el patio, a rayos de sol.
Cada habitación es una historia,
un pedazo de mí atrapado,
de la casa queda su olor impregnado.

La puerta rechina, aún me llama por mi nombre.
En cada rincón, la alegría se mezcla con la nostalgia,
secretos en el clóset, no existía ático;
ese hogar sostuvo mis ilusiones
en la claridad y en la sombra.

Pero sigo adelante,
el pasado ya no me encadena.
Adiós a las noches de sueños,
a los juegos en la luz del día,
cada habitación guarda mi esencia,
en esa casa, encontré mi meta.

Adiós, sueños de la niñez,
rayos de sol en la memoria de un hombre.
Cada ladrillo, un recuerdo.
En esa casa de la infancia
me llevé de mis padres su aliento.

Nutación lenta

Solo vine a esta vida para amarte
en la nutación lenta. Aquí, tu acompañante,
siguiendo la onda de esta esfera que oscila
camino al sol distante.
Hagamos suficiente el tiempo que nos da
la providencia o el azar, sea lo que quede
de sombra en nuestra tenue existencia.
Mi deseo está aquí, no en otro mundo,
lejos de tus besos, tus ojos y tu aroma,
lejos de los frutos y el viento
que acompañan tu paso por esta esfera.
Mientras Tebas dormía en su cuna,
ya Marte forjaba su acero,
y los desiertos oscuros ocultaban nuestros secretos.
Bizancio cayó en su bruma, París ascendía del suelo.
Las ninfas y faunos murmuran nuestro encuentro.
Mitos y enigmas hicieron caminos inciertos,
juntando nuestros cuerpos,
que la nutación nos conserve el sueño.
Sea quienquiera que forme las estrellas,
las respuestas que hallar nacen en ellas,
donde el tiempo no corre y la eternidad se condensa.
En la nutación lenta
nuestros cuerpos al cosmos revelan.

SE OLVIDARON

Se olvidaron.
Estaban solos en el espacio delimitados por paredes.
Ya no tenían hogar ni atardeceres,
solo sus fantasmas grises,
sus horizontes lejanos.
Vivían separados, sin tocarse,
como dos hojas caídas en un rincón
de alguna calle desierta.
Se olvidaron.
Estaban solos al final en su última cena,
y era el mundo el que los olvidaba.
Borradas sus huellas,
en los espejos sus risas no reflejan,
ambos desertan.
Tendrían diferentes caminos, se iban apartando.
Vestidos de abulia, sus ganas huían,
como destellos muertos de un cielo nublado,
donde nada iba a brillar desde lejos,
demasiado tarde.
Existían en planetas distantes, sus vidas disonaban.
Como ramas secas de un árbol marchito,
perdían vitalidad lentamente.
El recuerdo balbuceaba entre sus pensamientos solitarios,
mientras hojarascas caían al tiempo. Una por una,
sus vidas se dividían en fragmentos eternos.
Se olvidaron.

Y eran escombros de ellos.
En el parpadeo de sus desencuentros,
la penumbra reinaba.
Vivían separado y, en cada aire, distancia.
El olvido ya hacía en la casa,
distanciados.
No existían, solo se olvidaban.

CÁNTICO DEL RENUEVO

Las cosas renacen y siempre se regeneran.
Las cosas que emergen jamás se extinguen.

Se restauran las piedras en diamantes que brillan.
Se funde en luz eterna que no vacila.

Cuando los capullos brotan de la rama,
mil veces en flor se alza su dulce proclama.

Las orquídeas acariciadas por el rocío divino
se nutren y abren en un ciclo genuino.

Los días nacientes, los días prendidos,
los días vibrantes serán compartidos.

Qué dulces las horas que se entrelazan
bajo el murmullo tierno de la esperanza que abrazan.

Qué radiantes las luces, las luces humanas,
las luces engendradas por bondades auténticas.

¡Oh, las cosas nacientes, las cosas prosperan,
las cosas celestes en nosotros resplandor generan!

¡Juventud, resuena!
¡Llénate de gozo… de gozo restaurador!

¡Abraza el bien!
Que todo el que se acerque resurja al sentirte.
Juventud bendita que encendés mi afán ferviente.

AMOR DE REFUGIO

Tu cuerpo se entrega, cualquier mano es refugio.
Lo acunan con el pulso del verso,
como la sombra que te sigue
y se posa, firme, en senderos y bosques.

Es tuyo, mío y del mundo entero,
reliquia de luz silente y huellas indelebles,
siempre presente en la melodía mía,
llenando la noche con una música invariable.
Lo siento cerca, tangible en cada paso,
compañero en la senda del ahora,
leal, al alcance de mis sueños.

Firme como roca, no le afecta la gota,
tu cuerpo se ancla en tiempo presente,
que se aferra con fuerza a la tierra fértil del ser,
inmune a los caprichos.
No se pierde ni se disuelve en brisas fugaces,
sino que se mantiene, palpable y seguro,
refugio en el que hallo mis Pléyades.

Y cuando el mundo se rinda al olvido
y todo se deshaga en sombras inciertas,
será tu cuerpo el ancla que me devuelva
a la tierra, un faro inmutable
que ilumina mi camino en la niebla.

SALTIMBANQUI DEL ABISMO

La tierra se aparta en silencio,
renunciando a llevar nuestros cuerpos;
ya no nos arrastra en su danza compartida,
sino que expande el abismo,
disolviendo cada huella en fragmentos errantes.

Tú, saltimbanqui disperso.
Aquí, tus sombras se deslizan.
Te escurres sin ancla por la penumbra,
alejándote de la que fue mi sombra,
al compás distante de dioses adormecidos
en un tiempo desincronizado y frío.

Este es la danzarina que deshace los latidos,
que descompone la carne en sus brincos
sin la magia de un tacto mutuo;
un ritmo sutil, casi imperceptible,
donde cada paso se aleja, se extingue en el olvido.

No somos ya dos cuerpos sincronizados;
deja que el beso se enfríe, que se deslíe
como la voz de un bardo perdido,
y permite que el roce se esfume
en el rumor de un adiós tranquilo.

Observa cómo la tierra, en su indiferencia,
se deshace en secretos dispersos:
el polen del pasado se esparce al suelo,
y cada ritmo esconde el misterio
de una ausencia eterna.

Este es el viejo baile disperso
que aparta sin tregua cuerpos sin trajes;
la danza nocturna de una bóveda errante
cuyo compás desentona en la sangre,
resonando en la partitura del olvido.

Pájaro en la tormenta

Nuestros cuerpos son como el vuelo
de un pájaro en la tormenta,
cuando el cielo es gris y el viento grita
plumas que caen como hojas al suelo,
hasta el nido olvidado de un jardín.
Rojos murmullos y retumbos de brisa,
para perderse uno en el otro,
hasta desvanecerse en el horizonte,
sin que la tristeza se adueñe de este vuelo.

Las alas abrazadas que luchan
bajo un mismo cielo tempestuoso;
la batalla contra el destino ya sin sentido,
palpando lo eterno aquí tan lejos;
el deseo que consume con fuego,
las estrellas que titilan y ya no iluminan;
el vuelo finito contra la tormenta,
sin más allá del cielo, sino el cielo,
sin otro abrigo ni otro destierro
que el breve susurro del viento
y la libertad que se pierde en otra libertad.

CÁNTICO A LA NOCHE

Dejadme dormir con ella.
Es mi respiro,
no olvido.
Mis manos, más densas, la tocan.
¡Qué sutil su presencia!
En las uvas del tiempo,
es dulce la noche,
se aferra entre piernas.
No corre.
Se queda.

INFINITA SEDUCTORA

Infinita seductora,
surges, enigmática y prohibida,
a un suspiro del crepúsculo,
eres velo y misterio.
Te ofreces, miras encendida
a quien se atreve a descifrar
la premura de tu gesto,
la casida de tu piel en desvelada.
Eres rebelde inocencia,
ardiente, contenida,
diáfana y misteriosa.
Te contemplo en la inquietud de tu ser,
en el torbellino del canto vibrante de tus venas,
en el giro embriagador de tus intenciones,
mientras tu cuerpo se entrega
al roce sutil del vino y del humo.
Amo la raíz de esa vida que te forma,
a herencia misteriosa
que en tus capas se desliza,
como un legado generoso
de belleza, honesta y presuntuosa.

ÁRBOL HILARANTE

En las sombras mangiferas se cubría la vida.
Infancias velando los sueños,
juegos, carreras y lodos.
Yo jugaba como bárbaro.
Mi madre hablaba interminable,
mi padre narraba sus cuentos.
En el patio ladraba un perro.
El calor que el sol desprendía
lento quemaba, se asentaba.
Muchos querían saber qué celebramos.
Muchos estábamos. «¿Qué hacemos?», preguntaban.
Estábamos hablando, bailando,
yendo de un lado a otro,
la salsa, merengue, llaneras y nosotros, y el perro.
Todos estábamos en la casa:
primos, tíos, amigos…
Mi vieja abuela en su mecedora se mecía.
Motivos muchos. Estábamos. Solo estábamos.
Ya dije que jugábamos, bailábamos y hablábamos.
Sancochos, comidas, risas…
Eso fue alguna vez. Aún recuerdo
al árbol hilarante.

CÁNTICO LÍRICO

Todos te quieren,
porque todos te conocen.
Todos pueden abrazarte,
figura constante.
Tus frutos son abundantes.
Permaneces cálida, dejas huella.
Tienes el espíritu como tela de seda.
Regocíjate.
No puedes hacer más
que hacerte beber a la sed del hombre.
Sonríe. En el arte de lo duradero,
nadie como tú para enamorar con esmero
e hipnotizar con tu cuerpo.

Dolió cuando llorabas

Fuentes brotaban de tus ojos negros
sobre las jaldas de tus mejillas.
Dolió cuando sollozando tus lagrimas caían.
Tus caudales cristalinos corrían a todas partes.
Quise detenerte y darte calma,
pero era incesante el arroyo.
Duele el vacío de perderlo todo.
Duele ver destruidas las bardas de lino.
Hermosa la calma cuando la lava se calma.
¡Da la sonrisa a la mujer lastimada!
Hermosa tristeza, hermosa en tu cara.

LUCIÉRNAGAS

En tu selva nocturna, abundan diminutos
destellos luminosos que se esparcen en el lienzo
de tu espalda; se expanden hacia tus mejillas,
danzan en el centelleo de tus miradas,
relatan fugazmente el día en la noche.
En el arco suave de tus senos
dibujan con luz tu deseo,
luciérnagas chispeantes
se posan sobre la bastedad de tus humedales,
custodian tu suerte.
Algunas nacen en la oscuridad,
otras nuevas en luces diminutas,
se disuelven en marcas,
formando patrones secretos,
dejando en ti la promesa de un verano eterno.

SINCRONÍAS AFINES

No existe desfase en nuestro amor.
Nacimos para nosotros en el mismo continente,
donde cada experiencia
resuena en sincronías afines.
La razón es tan sencilla como ley matemática:
todo lo que nació con nosotros se atrae.
Aunque nacido mi cuerpo ancestral,
líneas unen miradas,
como circuitos unimos las manos,
llegamos a tiempos armonizados,
en el ahora te alcanzo.

Tu amor es primero,
no conoce el retraso ni destiempo;
en cada segundo las ganas se encuentran,
nos unen las reglas de los sueños de uno y del otro;
en pruebas irrefutables de nuestra unión,
encuentro que ordena y que nos declara
en la ciudad presente, sin despedidas.

ASTROLABIO

Sobre tu piel busco mis coordenadas.
Con el astrolabio descubro la distancia entre tus lunares,
descifro la posición de tu ombligo, de tus senos,
una vez predicho por sumerios nuestro encuentro.
Eres pergamino de cicatrices vivas,
caricias de astros fugitivos
donde mis ojos auguran porvenir en tu aliento.

Lámparas cenicientas en la noche,
exploro las órbitas de tus cabellos,
el tiempo que me espera en tus piernas,
la latitud exacta de tu pecho.
A tientas, navego a tu carne,
los símbolos que anuncian tu vientre,
y tus caderas,
astrolabio revela mi nombre en la tierra.

CÁNTICO AL DESPERTAR

Vida roja que nos arrastras y pasas sin pausa.
Mi mujer ya se ha despertado.
Espero descifrar el destino que nos forjas,
contar las vueltas en tu rápida estela,
pues te invito a trazarnos un camino inexplorable
en las horas pico de este giro,
mientras mi mujer se anima a vivir mi destino.

Aunque aceleras el paso de la luna,
no agudices su canto.
Deja que retumben las voces que de ella surgen,
de ese canto resurgen nuestras vidas.
Sé que nos esperan inspiraciones nuevas,
recuerdos, palabras, vinos y viajes,
que hay demasiado amor en tus confines,
altas esperanzas, hoteles, caminos ardientes.
Hoy no titubees en tu marcha.
Hablaremos cuando el sol abrace el horizonte,
la mujer que de ti despierta ya vibra.
Deja que su piel revolotee con ímpetu,
hasta que el sol renueve el cielo con su energía.

LA LUZ DE HELIO

Deslumbra desmedido, sin cegarme,
inevitable rayo.
Desde mi puerta contemplo el camino
y las carrozas que regresan
con los amores míos.
No permitas que se extinga el cirio,
ya las respuestas reposan en mis manos.
Aquí resalta el cuerpo de mi amante,
ella habita aún en este cuerpo.
Sus caricias regresan, suaves como seda,
mientras sus palabras brotan en cada esquina.
Su cuerpo inunda esta alcoba
donde titilan orugas radiantes,
celebrando tanta presencia.
Solo tú persistes,
reflejando tu luz en mi camino
y dejando que en mí florezcan aureolas.
Su amor me acompaña cada mañana
y es mi luz de helio.

CÁNTICO

Cada cuerpo sin un Dios
y la tierra a sus espaldas.
Cada alma sin su calma
sin naufragio,
y los aviones en aeropuertos sin pistas de vuelo.
No entono la canción celestial
que se desvanece en el olvido;
prefiero el clamor de voces claras,
cánticos al cuerpo en su soledad intacta,
cada espejo firme en la nada
y un cielo sin color.
Suenan distantes arpas antiguas
que adormecen a los amantes.
Cada puerta sellada cierra sueños,
cada cuerpo velado en su lecho,
y el lago en primer plano, cercano y sin reflejo.

ATAVIADA EN LO SAGRADO

Bella, que en la noche te engalanas
con tus vestiduras sagradas,
no renuncias al consuelo del manto,
algodones, velos, mantos sagrados,
ni la pureza fiel que te acompaña,
porque en cada brizna se teje la confianza
de los dioses que te acunan
con la gentileza de un mandato sagrado.
Bella, que en esta época
te vistes de credos y preceptos,
próxima a la doctrina que eleva el espíritu,
donde los ojos, en su resplandor protector,
fomentan virtud y orden sagrado.
Por esta vez, dejad a tu espíritu imponer su ley,
y que el amor, en su hechizo divino, te sostenga,
hasta que el mundo despierte
y en tu sangre se corra en ríos,
mientras los dioses te llaman
para envolverte en su sagrado abrazo.

MÍO ES EL CUERPO

Mío, solo mío, es el cuerpo, la sustancia que palpita.
También mío es el tiempo que se escurre por tus venas.
Mía es la forma viva, concreta de la silueta,
forjada en la tierra, con acero.
Mío, el latido que se palpa en la piel.
Mío, el tacto cariñoso, tangible como corteza de árbol.
Mío, lo que descubres que en ti se aloja,
lo que la tierra regala y se transforma.
Poseemos este don corpóreo
que bajó a la tierra;
solo un cuerpo, que no te pertenece.
Mío será siempre hasta lo eterno.
Mío es tu cuerpo a cuya base me aferro.

ARRIBO A LA ESFERA

Arribó, ya a tiempo ha arribado tu cuerpo.
A tiempo, con la bendición de nuestros dioses,
llego por vuelo sin rutas, señales de perlas te guiaron.
Arribó a mis labios y a mis miradas.
A tiempo, sin atrasos aterrizan tus caricias
y el dulce vibrar de tus palabras también aterrizo.
A tiempo, arriba tu cuerpo para abrazar a quien te espera.
Llego perfecto, sin contratiempo.
Mi cuerpo en perfecta espera, abrazo tu arribo,
en la misma esfera, en el mismo aeropuerto,
en un reino donde el tiempo se rinde al retraso.
Me calme en el apuro,
por veloz tu vuelo no llego tarde.
Quise esperar ante tu arribo, sin tomar otros vuelos,
sin descubrir rutas que forjaran tu llegada.
A tiempo en la madrugada se alza tu arribo.
Los relojes celebran tu parada.
Arribaste sin demora: nuestros cuerpos se enamoran:
una ruta, un vuelo de misterios no resueltos.

La enigmática orquídea

Hablo contigo, orquídea,
misterio de simetrías asimétricas y destellos exóticos.
En tu sépalo nace verso oculto,
y cada pétalo, pecados carnales.
Con tus raíces aferradas al cielo,
tus velámenes reciben del viento nutrientes divinos.
Orquídea mujer del pueblo que no se deja mirar
y que, en su carne, sostiene los rayos violetas que calientan
en el vaivén de su cuerpo.
Del trópico son tus labios,
del tallo renace la hoja del tiempo.
Oxígeno liberas de noche al hombre
y, en escasez, nutrientes y agua sus senos le guardan.
Tus ojos profesan la buena salud,
en laberinto de luz prospera
orquídea siempre longeva.

Tus colores, intensos manjares de abejas,
enjambres cotidianos vienen a disfrutar tu belleza:
violetas vibrantes, colores turgentes.
Quiere ser mariposa, camuflaje perfecto,
tal como la mujer que encarnas,
rica en contrastes trascienden el polvo.
Orquídea, tu delicadeza sobrepasa discreta.
Como mujer, eres amor, lujo y belleza,
virilidad en la antigua gracia,

abriéndose al mundo con la osadía
de quien abraza la femineidad.

HABITA LEJOS

Este cuerpo que la ama habita lejos,
en otras fronteras,
en otra cultura.
Dista mi compañía en costumbres que no son las mías.
Adormecido, no la sueña.
Lejos me queda, y la madrugada la esconde;
solo la brújula me marca su destino,
ninguna señal de quien la dirige.
Este cuerpo habita lejos, antes de la línea gris de la tierra.
Si en su cabecera señala la noche,
en mis pies alumbra el día.
Al pasar las horas, se me ha perdido.
Su cuerpo habita lejos, aquí no hay nadie,
es solo eso, un cuerpo frío,
una persona enterrada, oxidada está la ropa
y no obstante de este cuerpo, a lo lejos,
un latido a su cuerpo espera,
nunca este se desvanece.

A PESAR DE TODO

A pesar de todo y, sin embargo,
nuestros cuerpos son testigo,
nuestras pieles se acompañan,
se trata de la plenitud mutua.
No solo son cuerpos desnudos,
sino el abrazo después del sexo.
A pesar de todo, se desafía al olvido,
es buscar la gloria ante tanto desgano.
A pesar de todas las batallas,
nuestros cuerpos se buscan,
luchan, se alzan,
se vuelven eternos en el fragor de un beso.
Aun con cadenas, arde la entrega.
A pesar de todo y, sin embargo,
mi cuerpo enmudece en tus fervientes caricias.
A pesar de todo, la pasión no se cansa.

PLUVIA

Vi caer en ti la pluvia,
la vi mojar tu cuerpo hasta los suelos,
precipitó tus cabellos, senos, los poros.
Una lluvia que departía un idioma
por mí conocido.

¿Desde qué cielo bajaba hasta tus piernas,
hasta el surco escondido de tus caderas,
si aquí la sequía agrieta la piel?
Era una lluvia real, agua bendita caía
sobre las cosas de mi vieja casa,
con un chapaleteo denso.

No sé. Me encantó sentirla mojada,
recoger su torrente entre mis manos,
represar su fluvial abundancia,
y algunas chispas que refresquen mis noches,
y que la lluvia siga cayendo sola
sobre tu piel, mis techos, los pastizales,
que no te escampe.

Manuscrito del creador

Poseo el manuscrito de quien te ha creado.
Predigo a los sabios celestiales
en los erizos de tu ser;
tu cuerpo es relato vivo
de la tierra, forjada en el azar.

Tus formas guardan la marca
de un divino pincel,
y la historia cruda
del caos que nos engendra,
de la materia que nos crea.

Cada línea narra
la epopeya de la raza,
la imperfección noble
que nace de milagros
y que forja el pulso incesante
de los besos terrenales.

Mis dedos quieren recorrer
las páginas de tu piel manuscrita,
palpar la seña del abrazo
de un instante nacido
del simple milagro de mi tierra.

AHORA

Ahora, vida mía, renace el himno.
Ahora el verbo se vuelve eterno,
la dicha de esta tierra que rota
se funde con un sol que nos acoge
y nos guía hacia un alba inagotable.

Ahora nos vestimos de granas;
los cuerpos se siembran entre las vestiduras de la piel,
mientras las sombras se desvanecen
en promesas cumplidas,
y la luna custodia el brillo del sexo.

Ahora todo se disuelve en el olvido.
Tu pulso y mi pulso quedan,
la certeza de que algo perdura,
un cuerpo se engendra.

HAMACAR

Se hamaquea su cuerpo tendido,
los dedos de mi mano traspasan las cuerdas
y tocan la guitarra que se mece.
Mejor se oye de noche la orquesta de su obra musical.
Lleva de redonda los senos,
blanca su cara y de muslos corchea.
Cuando roza la luz en su bruna cabellera,
rasguean las cuerdas y ella sueña a mi lado,
partituras de notas recorren sus venas.
Aquí los tejidos protegen sus sones
y nos envuelven los acordes sonámbulos.
Guitarra de náufrago, flotando en la orilla.
Guitarra desnuda sobre tibia malla.
Aquí se sueñan otras aldeas,
se escucha desde el redondo rumor de la tierra
hasta ritmos de tribus remotas
bajo su piel que resuena.

GÉNESIS

Génesis, es tu cuerpo que relatan las escrituras,
y mis ojos leen con fe la palabra divina.
La tierra, un día danzó en su elíptica,
arrastrándonos de la noche al día.

Apóstol honroso que acepta promesa,
predica en alma se funde,
disuelven pecados en la ausencia,
mientras desiertos en mares transforma.

Palabras van quedando, huesos al olvido,
plegarias al vasto deseo de un dios;
milagro renace después de tu hora,
como un viento retorna al cuerpo consuelo.

Amor, antiguamente en hebreo era el verbo;
hoy, vida en exilio;
la sangre en tus venas recita su entrega,
y hoy lo que fuimos renace en la tierra.

HOGAÑO

¿Quién, tras haber obtenido seguro el amor,
no cosecha los frutos sobre sus sueños,
tesoros, ramos de ilusiones, imágenes vibrantes
y restos de sus ruinas,
inmortalizando el ardor de su sangre
y se adentra al ahora de su ser,
con un nombre que fue y sapiencia que antecede,
reencarnado en la certeza de este instante?

De pronto, la historia narra cuerpos que acaecen hogaño.
Contada con el bramido de una playa fría,
el deseo que nos unió en este litoral
se viste con la espuma turquesa
que agotó nuestros tiempos
en la inclemente espera.

Sí, cualquiera rodeado de una vida copiosa,
una existencia con ojos radiantes, labios,
aromas y caminos de arenas
retiene entre sus brazos el signo palpable
de un paraíso que se reinventa en cada paso.

Los amantes atesoran no solo recuerdos,
sino momentos que transmiten sorpresa,
miradas instantáneas captadas con luz
que de los astros descienden;

bocas que expresan emociones del pasado
y silencios que enmudecen el presente,
pero que gritan no volver jamás a casa.

LA ALEGRÍA

Se sienten amados, y su alegría refleja emociones,
han hecho de la dicha el arte en su existencia.
Son artesanos del gozo,
pintores de un destino.
Su paraíso lo forman con picardía,
miradas culposas.
Su oficio, hacedores de experiencias doradas,
cada día celebran la vida en plenitud.

Se dispara adrenalina,
alegría se entrega sin reservas,
y cada canto a los cielos llega
haciendo de un vino una fiesta eterna.

La alegría, auténtico cielo que acompaña,
viste de goce a quien la busca,
llenando el cuerpo de calma
y del mundo los amantes se olvidan.

CÁNTICO II

Cántico la piel pecosa de tu cuerpo,
desvelada en ruidos de aurora.
Cántico ese misterio divino,
el de tu rostro, curvas y caderas
que donaron tus padres
para disfrute de mis deseos.

Cántico es pulso de tus venas
como mar en calma,
cuyo suspiro se oye en la lejanía,
dejando solo la ola que calla
en un deseo que arremolina la calma.

Cántico que retumba secretos,
como un estruendo que aturde,
golpea la puerta
y se convierte en amparo.

SUEÑO A SUEÑO

Sueño a sueño, unidos en el lecho,
desnudamos nuestros secretos.
Así, forzar la unión de dos universos.

La voluntad basta para conquistar al mundo,
hilvanando las historias que pertenecen al tiempo,
sin preocuparnos por los miedos.
Dejemos a lo etéreo ser tangible, entretejiéndonos.

Sueño a sueño, el ocaso traspasa fronteras.
Juntémonos en unión eterna,
porque cada camino en solitario no tiene fin;
fluido, el amor tiene futuro.

SILENCIO

En el pensamiento, el silencio se impone,
sin palabras que distraigan;
hay desnudos y se extinguen las vestimentas en ese instante,
solo silencio, virtuoso y sin artificios.

No me sumerjo en torrentes melancólicos,
ni en frases inventadas que se disuelven en el viento;
mi ser se refugia en la calma inmutable,
donde la voz se evapora, dejando nada.

La luna no brilla a los cuerpos,
su luz se derrama sin pretensiones,
sin atar mis roces con ruidos
ni transformar mi esencia en metáfora vana.

No tengo frases, ni pretendo a ellas;
mi senda es desnuda,
custodiada únicamente por el silencio,
el único talismán real.

Aquí, en la pureza del momento sin voz,
cada latido es libre, cada suspiro intacto es mi verdad,
y en este vasto ocio me encuentro a mí mismo.

AMELIA

No la he visto en estatuas, solo en retratos;
su esencia no se graba en mármol ni oro.
Amelia vive en el sonido de sus historias contadas,
en la voz cálida de viejos cuentos
y en el pensamiento sagrado de rezos enterrados.
He seguido el rastro de sus palabras,
pisadas invisibles que se deslizan por el tiempo,
cruzando épocas tejidas por su voz serena
como una cascada de pensamientos filosóficos.

No se halla en libros ni se expone en museos,
pues Amelia no es un lugar preciso,
sino un milagro que se descubre en gestos
y en la belleza de una sonrisa sincera que se ama.

Como un niño que persigue mariposas,
mi mirada vaga en el cielo y la recuerda;
ella siempre habita, a la vez, distante y cercana,
en el baúl profundo del espíritu.

Quien la ama ya vive en ella,
pues cada historia compartida atrae su reflejo.
Amelia es la otra luz cuando amanece,
la eterna protectora de los sueños
que transforma el tiempo en sus cariciosas manos suaves.

Rosa

Te han llamado «Rosa», no hay mucho que escribir.
De tu nombre ya poetas escribieron.
Trataré de contar tu historia
con las frases puras de otros hexámetros.

Como Montejo predijo, Rosa, misterio perpetuo,
eres sonrisa humana, fuiste enigma vivo,
que cautiva con un destello efímero,
pero tú, Rosa, casi cien veranos grabaste en tu piel,
con leyendas narradas por tus frunces
que te esculpieron en versos de antaño.
Eres de serena experiencia,
un amor que ha resistido tormentas y calmas,
un cuerpo que anduvo discreto;
has visto girar la tierra bajo soles de milenio
y guardas en tus manos la memoria de recetas secretas.
De tu vida, el dulce de plátano,
un sabor que se aloja en los cielos
que ningún sibarita ha replicado.

A la Rosa no le basta lo pasajero.
Has sabido amar, a tu manera,
con unos ojos que no se abrieron al asombro
y se cierran en el dulce recogimiento
de una vida llena de silencios y secretos.
El ruiseñor aún canta en la encina,

porque extraña a su rosa.
En la ventana aún se posa y te recuerda,
cuando, acostada en la alcoba sobre tu jergoncito,
la luna brillaba.
Aún redoblan las notas del canto
como agua reidora de las fuentes romanas.

No te he llamado «la rosa» como Montejo,
porque trasciendes cualquier adorno;
eres la única rosa de este Principito
y suavizas el camino de quien te entiende.
En tu cara se esconde
la vida que hizo girar al planeta.

SI LA TIERRA SE DETIENE

Permíteme amarte por si la tierra se detiene
y este globo se deshace en trozos fugaces;
necesario es que siga girando,
pero eso ni los dioses lo saben.

Déjame amarte mientras danzamos,
por si las constelaciones se fijan,
y seamos polvo de cometas,
en milenios ya nada seremos.

No exijo la danza cósmica,
si nuestro amor no detiene;
de nuestras miradas han de crearse otros mundos,
amémonos sin promesas antes de ser nada.
No importan las certezas ni las mañanas.
Ámame por si el planeta se para.
Mi amor se teje incluso en espacio sin atmósfera,
renace de partícula, polvos, hasta de negros agujeros.

Y aunque las almas se amen,
prefiero el amor de los cuerpos.
Aunque acelere, la tierra podría pararse.
Déjame amarte como se amó en otros tiempos.
Cuando por fin pare, no dejes de amarme.
Remolinos y cuerdas nebulares
disiparán olvido:
tú solo no dejes de amarme.

Dejemos tras de sí la suave añoranza
de un instante que, aunque breve,
fue un universo en sí mismo.
Deseo me ames hasta que se detenga el planeta.

AMOR RENOVABLE

Todo amor se renueva en un cuerpo
y se contiene en el corazón,
pues el fervor de Eros queda atrapado entre las pieles,
como ríos ambrosios nutren las venas,
y en cada torrente un destello divino.

Lo sabe la tierra, que ruge con temblores.
Cantan en sus placas antiguos cantores,
mientras el centro, vestido de mitos,
guarda en su ombligo el secreto de ardores.

Basta un solo templo para abrazar amores;
cada beso, un laberinto sin flores,
cada suspiro, un enigma de creta,
y se dispersa en la vastedad un destino sin fronteras.

Como Dédalo atrapándose a sí,
el amor se encierra, interno se queda,
sin temer caída de alas de ceras.

Así, el amor sagrado de los dioses
en un corazón resuena,
un amor expansivo
que en la mitología se crea.

El rumor en la noche

Roces de brisa y alas de noche,
manos de seda, tersas y calladas,
silbidos de madera, roce de plumas,
que de noche se mecen en sueños.
Ojos redondos de noche profunda,
en torno un bosque que guarda el misterio.

Amor sin agujas ni duelo,
amor sin grito en la alta penumbra,
el zumbido delicado de la especie que habita
en los pliegues del viento.

Criaturas nocturnas anidan dentro de tu pecho,
y en vuelo ronda y vela
hasta que la mañana la cubre de soles.
Criatura sin filo ni furia,
que no hiere la noche,
la que reposa en tu almohada
y exhala su canto sobre tu piel.

El cuerpo, o lo que queda de su arrullo,
sigilo en lo alto, con tus besos
aún tibios en su boca,
con el aroma de tu aliento en sus alas,
recolectando aquí y allá de la brisa
pétalos blancos caídos de los cielos.

SÍSIFO EN LO COTIDIANO

En la serenidad de un día que se deshace,
no hay dioses en el reflejo de tus ojos.
El reloj marca el destino en bucles,
la luz tenue del tiempo sin mitos.

La rutina es un sendero empedrado.
El tiempo, implacable y fugaz,
marca el ritmo de lo real;
no se gira en torno a un astro,
sino se camina, a paso,
por senderos de triunfo.

No se encienden llamas con fuegos siderales,
el amor se forja en pequeñas admiraciones
y en la intimidad, lo grandioso se disuelve
en la pureza de lo cotidiano.

Si los cafés se tibian y las páginas se dispersan,
se inicia la guerra contra el olvido;
cada gesto es tinta efímera
que escribe en el cuerpo las cicatrices.

Aquí no se invoca la hazaña de Orión,
sino el valor de lo imperfecto,
la belleza discreta de lo cotidiano,
porque la magnitud del amor se mide en realidades,
y no en leyendas.

Y aunque en la cumbre se evapore el espacio,
en la perenne tarea se halla la belleza
de un ser que, como Sísifo, persiste,
trenzando sentido en la incesante labor.

POSTALES

Postales adornan tu cuerpo,
donde las guías turísticas marcan encuentro,
ojos ruta que invitan al remanso,
brazos carteles de un destino sereno.
Noches de estrellas brillantes,
cielos que guían antiguas rutas con sus mitos,
donde dioses crean nuevos paisajes
y aves peregrinan a la calma.
El recuerdo se enciende en cada foto,
un arribo dulce que une los cuerpos,
donde el viaje se viste de ofrendas
y camino nos lleva a eterno.
Cuerpo repleto de postales,
refugio de montañas y encuentros,
en cada pendiente, una avalancha;
en cada paisaje, un hogar soñable.

LIBRO DE CUENTOS

Leo tu libro de cuentos.
Por más que en mis pensamientos te disuelvas,
comprendo tus metáforas.

Lírica quiero nombrarte:
odas y églogas,
versos y sentimientos,
emociones que saltan
entre lo fantástico y lo real.

Lírica que sueños trasformas
en elegías de desengaño,
ocultas y diáfanas,
llenas de hadas y de magia.

Versos de labios cárnicos,
pero sin rastro de tristeza;
leo tus cuentos e historias,
pues en este refugio literario
la vida vence al letargo.

Libro que renuevas tus relatos
y regresas a la repisa de mi biblioteca.
Allá, en la tinta y en mis venas,
más allá, en cada trazo,
resuena lo profundo de mi ser.

REDIMIR EL PASADO

Redime el pasado, artista silente,
dibuja rastros en el rostro del tiempo,
cubriendo con velos de olvidos
que esconden las canosas vivencias.

En el transcurrir de los años marchitos
brotan brillos de juventudes fugaces,
como brisa pasan recuerdos
que desafían el olvido.

Quizás, un milagro permita
disfrutar el fruto de jóvenes amores
y que nos dure el suspiro,
como dura una agonía,
despertando la pasión envejecida.

Tras el hábito caducado del ayer,
la vida se redime en un soplo,
donde la belleza se impone al tiempo,
se eleva sobre su lecho.

LOS APASIONADOS

Los apasionados nunca son silenciosos.
El amor es la lengua que encadena
el más vibrante, el más indescifrable.
Los apasionados no preguntan,
son los que se entregan sin medida,
los que se reinventan, los que planean.
Sus almas nunca hallan la calma perfecta,
y así viven sin cesar.

Los apasionados se mueven como lava,
porque nunca se sienten desarraigados,
ni solos, ni solos;
se abrazan a cada instante,
intentan capturar la llama,
les consume el deseo.
Los apasionados viven del presente,
pero siempre pudiendo aspirar a más.
Comprenden la importancia de siempre amarse,
siempre, enfocados en lo cierto.

Anhelan, anhelan todo,
pero no demandan;
sueñan con jamás encontrar la plenitud.
El amor no es una pausa,
siempre exigen el siguiente paso,
el otro, hasta caminar.

Los apasionados son ávidos,
aquellos que han de ser eternamente libres.
Los apasionados son como tormentas,
sus brazos son tornados que te envuelven,
sus latidos resuenan
como si rompieran sus venas.
Los apasionados no tienen el lujo del descanso,
pues en el reposo se les escapa el amor.
En la luz abren los ojos
y lo creativo inunda sus miradas,
descubren luciérnagas danzando en la noche
y su lecho se convierte en magia.
Los apasionados son atrevidos, divertidos,
sin saber de caminos y sin fronteras.
Emergen de su cama hambrientos, sedientos, sudorosos,
y su objeto es lo inabarcable.
Son felices, buscan saberlo todo.
Aquellos que aman sin medida, sin pausa,
veneran el amor y la pasión que dos forman
como represa inagotable que energía ofrece sin fin.
Los apasionados viven viajando,
esculpen en el aire la marca de sus recuerdos,
buscan abandonar su errar,
reinventan constantemente las formas del amor,
y nadie debe rendirse:
rendirse no es opción.
Los apasionados se vuelven tontos, ridículos,
pero no vacíos, están amando hasta sus poros.
La vida renace tras sus ojos,

avanzan felices hasta el crepúsculo de sus sábanas
y los rieles del tren les muestran los nuevos caminos.
De repente, les llega el aroma de nuevas culturas,
y despiertan.
Mujeres paren nuevas vidas,
se animan a caminos de verdes pastizales
y de los olores a comida.
Los apasionados se dejan envolver
por un cántico agradecido
que brota entre sus labios,
y se marchan, felices, enamorados:
la belleza de haber amado en esta vida.

LO ES TODO TU CUERPO

Lo es todo tu cuerpo para mí.
Son tus carnes, tus miradas, tu sexo,
ese hogar sagrado que ambos construimos,
templo de nuestros rezos, cuna del renacimiento.
Es tu boca, tu boca y las formas de sus mil caricias,
son tus pechos, tus lunares, donde me distraigo,
tu espalda, ancha y blanca,
tu ombligo, el remanso donde posan mis decisiones.
Son tus muslos, firmes y duros, de atletas,
tus caderas, con delicadas curvas,
tus pies, suaves y pequeños, con sus dedos finos,
tu fragancia, tu melena rebelde, cada detalle,
cada característica de tu ser.
Es tu mirada que guía mis días,
el mapa de tus hombros, lo gracioso de tus voces,
los sonidos que de tus sueños emergen.
Son tus uñas, danzando en mi espalda,
entre mis cabellos,
son los momentos en mi alcoba.
Lo es todo tu cuerpo,
cada cicatriz, cada erizo,
cada toque y cada chispa
de esa existencia que en ti se despliega,
y es allí, en ese cuerpo,
donde encuentro naturaleza.

MUJER DE GRACIA

Mujer de gracia, sí, la enigmática sin nombre,
llegó, al fin, a mis deseos:
revelan sus ambarinos ojos
un mundo de misterios y deseos no resueltos.
Es divina, jugosa como la fruta
que se devora temprana en la mañana,
alegre, profunda, apasionada,
como raíz bajo el girasol.
A veces, melancólica pinta sus rasgos de pena,
confiesa silenciosos pecados.
De alegres fanáticos, la imagino mujer amada,
anecdótica desde los pies hasta sus cabellos,
como joven se adentró en los amores, tierna, excitada.
En ella habita una mujer de antaño
cuyos brillos aterran de pronto las miradas,
y se empuja a un acantilado de deseos,
deshaciendo, hilo a hilo, sus vestiduras.
Mujer de gracia, sí, la que me sonríe
sin revelar su nombre,
me confesó, sentada sobre sus temores,
que me ama, pero que también se distancia.
Yo la dejo seguir, agitando sus pensamientos
entre el «no» que la ata y el «sí» que la libera,
y mi beso, sembrado en su frente,
germinará en su piel como semilla.
Ayer, seria con el rostro lloroso,

emergió con pena sobre sus hombros,
Aun así, sonreía enamorada.
Nunca había sido tan joven,
nunca tan amada en el tiempo.
El cabello le acarició el cuello, sus mejillas,
como mis manos sobre su gracia.

¿Cómo no revolver mis pensamientos al pensarla?
Con solo nuestras miradas, un café, éramos felices,
como si Dios creó la tierra para nosotros,
y que los envidiosos se consuman en sus celos,
al saber que son eternos nuestros besos.

ÚLTIMO CÁNTICO

Mi amor que surge a destiempo,
mi amada sin motivo, con un futuro cierto,
que su mayor característica es lo que siente,
solo eso y nada más que eso.
Mi amor, más fugaz que impacto de bala,
más nómada que las hojas en un huracán,
vuela en la inmensidad de un cielo extraterrestre,
sin saber de coordenadas, ni por qué ahora,
por qué tu mirada y no otra,
esa risa,
al comprender, no se entiende a sí mismo,
ante el tiempo detenido.
Mi amor, reina de mi reino, que gobierna
con leyes que cumplen los vulgos,
ella y sus sonrisas,
ella y su clamor populoso,
el clamor más profundo de mi aldea.
Siempre agradecida de habitar la vida,
el milagro divino de haberse presente,
girando en torno a un sol antiguo,
sin causa, pero camino a extinguirse,
con razones que conmueven.
Cuando su boca pronuncia mi nombre,
de otro mundo desciende su cuerpo
que, lleno de enigmas,
me ata a su cama y me ama.

Así debo entenderla, así debo descubrirla,
de nuestra sangre revelar su destino.

Mi amor, mi reina, con el sueño de sus percusiones
y el repentino resonar de sus palabras,
acostumbrada a la vida, a su viaje,
delineando su ritmo en cada canto,
en cada ritmo y sinfonía,
hasta que canten nuestros seres
cuando, desde lo profundo, revelen las estrofas.
Porque la tierra conspiró en nuestro encuentro,
dio vida a su cuerpo y el mío,
no a destiempo, ni después de este, sino ahora,
cuando otros seres se reencuentran
en la esencia de nuestro amor.
Mi amor, que retorna de otros planetas,
con su cántico que se hereda,
canto de caricias, de dioses,
de pasiones, de pelos o de pechos que tientan,
cuerpos que se deslizan en valses fugaces,
piel fundida con lava,
mi camino y vereda.
Mi amor, que evoca este epigrama
de las misteriosas voces desnudas,
cuando la hora del deseo se viste de paz,
la hora en que los cuerpos mezclan sus etnias,
y las venas se unen en una sangre.

Aquí resuenan las melodías recónditas
y los tímidos sueños astrales,
acordes y saltos de una gracia inefable,
cuando sus cuerpos en uno se engendran,
formando en sus adentros nuevos cantares;
como a Saturno le orbitan sus lunas,
decido ser tierra, y tú mi astro,
que siempre me acompaña.

Índice